유혈수 시집

출구

유혈수 시집

출구

순수

自序 ◆

 변함없는 사랑으로 내 곁에 있는 분들 때문에 나는 다시 시집을 낼 수 있었다. 이 고마운 분들과 내 고향인 소중한 순수문학 관계자들에게 깊은 감사를 드린다.
 그리고 책상 앞에 앉아 있는 나를 따뜻하게 바라보며 늘 응원해 준 사랑하는 남편에게 이 시들을 바친다.

| 목차 |

◆ 自序　　　　　　　　　　· 11

1부
허공 한 채　　　　　　　· 19
복식 호흡　　　　　　　· 20
출구　　　　　　　　　· 21
멈춰버린 시간　　　　　· 22
빈집　　　　　　　　　· 23
동물원 기린　　　　　　· 24
잡담　　　　　　　　　· 26
국회로 가는 빨간 우체통　· 28
목련꽃 떨어지다　　　　· 30
그늘 소리 듣다　　　　　· 31
비밀 자서전　　　　　　· 32
샐러리맨의 노래　　　　· 34
다시　　　　　　　　　· 36
흰 꽃과 흰 나비　　　　· 37
성형 수술　　　　　　　· 38
기다림　　　　　　　　· 39

2부	구두 수선가게	· 43
	그리움의 끝	· 44
	왜	· 45
	머리카락 후기	· 46
	눈사람	· 47
	유타 주로 가는 길	· 48
	달력	· 50
	우리	· 52
	파도치는 날	· 53
	익명의 사랑	· 54
	외침	· 55
	봉선화 꽃물	· 56
	종이배	· 57
	환경오염	· 58
	눈 내리는 커피 잔	· 59
	함박눈 내리는 날	· 60
	사랑아	· 61

3부

과식	· 65
세월에게	· 66
감감무소식	· 67
몸	· 68
높은 데서 보다	· 70
돌팔매	· 72
담배 연기	· 73
비상계단	· 74
떡갈나무 아래에서	· 75
물수제비뜨기	· 76
어쩌다	· 77
회상 일지	· 78
마주 앉은 두 사람	· 80
동백 한 그루	· 82
못된 인연	· 83
꿈꾸는 나무인형	· 84
당신	· 86

4부	신발	· 89
	당신 앞에 나는	· 90
	층간 소음	· 91
	손바닥	· 92
	잔영	· 93
	눈물	· 94
	여기	· 95
	파꽃이 필 때	· 96
	장가계에서	· 97
	무죄론	· 98
	꿈은 말한다	· 99
	장미의 수난	· 100
	난해시에 대하여 · 1	· 101
	난해시에 대하여 · 2	· 102
	삼십 분 데이트	· 104
	공원에 온 나무들	· 106
	고맙습니다	· 107

1부

허공 한 채

베란다에 서서 눈을 감고 손을 뻗으니 무한 공간
아무 데도 입주자가 없다
온통 빼곡한 아파트 밀집 지역에서
한 몸 살 곳이 없다는데 터무니없어 눈을 번쩍 뜨니
손 아래 노숙자 한 명이 허공으로 집을 짓고 있다
허공만큼 편안한 안식이 없다며
달 별 해 구름으로 지붕을 이고
빈 종이상자 납작하게 다져 구들을 놓고
잡다한 세상 이야기는 읽을 거리가 아니라며
신문지를 솜이불처럼 덮고 이 마음 저 마음 데울 때
달빛이 내려와 그를 재운다

이른 시각 천장에 매달린 해시계가 알람 소리를 낸다
이제는 허공 밑에 공으로 세들어 살지 말고
주민등록 거주지에 신발 벗고 들어가 살라며
새벽 여섯 시 시침을 떨어뜨려
그를 깨운다

복식 호흡

살면서 취했던 빛과 그늘
그것을 먹고 나는 자랐다
예사롭게 오는 사연들은
길 없이 닥치는 빛과 그늘 같아서
내 속을 한 번 거니는 데는
일 분도 채 걸리지 않았다
허다한 일들을 무턱대고 삼킬 때
순식간에 복부는 보름달처럼 부풀고
풍족한 기름기가 입술을 적셨다

이제 와 내 것이 아닌 걸 아차, 하며
안간힘으로 후~ 내버려야 할 때
마치 뜨거운 물에서 속을 여는 조개처럼
불룩한 배를 쥐어짜며 모든 잡식을 뱉어 낸다
입술이 터질 듯이 아프다

산소인 듯 위장술로 잠복한 너는 울지 마라
너에게는 잘못이 없다
이것은 나의 엄중한 고해성사다

출구

길은 길을 잃고
사거리 한복판에 멍하니 서 있다
모든 통로는 과학의 질주를 의심하여
자연을 탈옥한 미친 문명에 수갑을 채운다
(나는 이런 생각을 하며 어둠에 싸인다)

인공의 물질이 가득한 세상
빠르게 시들어가는 흙
배기관에서 굴뚝에서 뛰쳐나온 미세한 떠돌이들은
우리들 목구멍에 흘러들어 푸른 길목을 훔쳐 가고
달빛에 취해 하늘길 타고 달에 간 남자는
가서 꿈의 거리를 지우니 그곳엔 달빛도 별빛도 없어
솜사탕 같은 구름 만들어 허공의 입에 물리니
허공은 가짜를 먹을 줄도 몰라 체해 버린 빗방울들

식물도 인간도 이목구비 비율이 편집되어
족보가 뒤숭숭한 2020년에서
힘없이 쓰러진 과학의 미로
보다보다 이 악물고 눈 부라린 괴물 바이러스
코로나는 한판 지구판에 미래의 시뮬레이션을 던져 놓고
광명과 암흑으로 가는 길 맨발로 찾아라 한다

멈춰 버린 시간

달빛 같은 꽃잎들이 감쪽같이 피었다 간 뒤
빗방울 울음소리가 사정없이 들끓고 있다며
나뭇잎들이 창 밖에서 웅성거린다

우리들 어진 시간에 켜 놓고 온 손뼉 같은 촛불
꺼지지 않았으면 좋겠다
올 가을
아니 내년 가을쯤이면 될까
낙엽 냄새가 못 견디게 구수한 날
가을 사과나무에 사과가 다 떨어지기 전에
나는 촛농에 묻힌 시간을 일으켜
또 하나의 모종의 삶에 이웃과 함께
손뼉을 치며 불 밝힐 그 날을 기다리는데
벚꽃은 이미 지고 여름은 갑옷을 입고
가을은 불러도 들은 척도 않으니
지금 바깥은 모두들 안녕한지

시간이 멈춰 버린 지구의 병실은
어둑어둑 말이 없다

빈 집

가족이 썰물처럼 빠져 나간 빈 공간
그는 비로소 고요를 소유한다

천천히 창을 열고 밥을 먹고 커피를 마시며
천천히 거울에 다가가 자신과 말을 하고
평범을 자축하며
천천히 옷을 벗고 잠들어 천천히 꿈을 꿀 것이다
그의 안에는 간혹 자유라는 날개가 파득이며
천 개의 꿈을 꾸며 살고 있다

저녁이 가까워질수록 꿈은 점점 민망해지고
빈 껍질에 둘러싸인 날갯짓은
밀물이 들어오면서 야성의 꿈을 내린다
그의 현관에는 다시 송이송이 생꽃이 핀다

동물원 기린

백 발짝이면 충분하다며 울타리를 친 목수는
저녁밥을 먹고 사라졌다
기린은 커다란 눈을 바닥에 내려
목수가 남긴 발자국을 쓸어 낸다
등불 같은 눈동자 둘레에는
망향의 초원이 마른 나뭇잎처럼 떠내려간다

이제 모든 자연은 도화지 안에서 벌어지는
한 장의 막그림처럼 쓸모 없는 모형일 뿐
모형을 밥으로 먹을 수 없다는 것을 아는 기린은
나와 눈이 마주쳤을 때 무슨 말을 하고 싶었을까
젖은 눈을 껌뻑거리며 나에게 보내던 느린 시선

고고한 자태로 서로 보고 서 있는
여름 동물원의 기린 두 마리
그 무딘 발바닥은 걸어도 걸어도
발 밑을 간질여 줄 풀 한 포기 없는데
구백 평 남짓한 면적에
너의 목과 다리와 속눈썹은 너무나 길구나

달이 막막한 밤하늘을 걸어가듯이

낙타가 두 봉우리 짊어지고 불모의 사막길을 가듯이
너의 긴 다리는 구백 평을 짊어지고
밭두렁 같은 길을 걷고 있구나

잡담

세상에서 가장 맛있는 음식은 나는
물과 술 커피라 말한다

시간이 늙으면서 나는 고의적으로 술을 버렸고
시간이 더 늙어가면서 필연적으로 커피를 잃었다
물은 늘 겸손하고 커피는 우아하며 술은 신비로웠다
이런 나름의 기호에서
가장 매력 있는 음식은 술이었다

술, 너만큼 솔직한 마음을 난 본 적이 없다
너는 나의 거짓 없는 모습을 좋아하여
내 걸음 흐트러져도 괜찮다
실언을 바보같이 엎질러도 그래도 괜찮다
내 눈에서 느닷없이 파도가 쳐도 다 괜찮다
너는 언제나 맑은 술잔 아래
책임이란 두 글자를 안주처럼 내놓앉지
자연을 닮은 나의 벗 많이 그립다

그리고 시간이 멀리 희미해지고
지금 내 테이블 위에는 물 세 잔이 있다
나는 세상에서 가장 위대한 음식은 물이라며

저물어가는 산봉우리에 노을처럼 걸터앉아
술보다 물의 아름다움을 이야기하고 있다

국회로 가는 빨간 우체통
  - 호소문

눈 뜨고 잠들기 전까지
귓속을 파헤치는 이명 소리
네⋯⋯가⋯⋯네⋯⋯가⋯⋯
지치도록 시끄러운 정치판
나는 그들의 싸움판에서 버려진
천 애 고 아

−나는 들판의 풀처럼 살아가는 평범한 주부입니다
 나의 소망은 시끄럽지 않습니다
 그저 오늘에서 내일로 큰 탈 없이 건너가는 것입니다
 내 키만큼 작은 욕심 또한 고요합니다
 특별한 것이 없고 별것이 아닌 게 나의 행복입니다
 나의 기대는 거창하지 않습니다

 묻겠습니다
 당신은 누구를 위하여 무엇을 위하여 거기에 있습니까
 일어나십시오 당신은 너무 높은 곳에 앉아 있어
 우리들 허리의 각도를 알지 못합니다
 밥은 먹는지 식음을 전폐하는지 밤길은 잘 가고 있는지
 당신들의 접힌 눈에는 시야가 거덜난 지 오래입니다
 당신들은 몸은 여기에 두고

정신은 환자처럼 지구를 내던지고
엉뚱한 달나라에 달 구경 가버린 사람들 같습니다

진실한 정신이 부재 중인 당신이 범죄자라면
당신을 선택한 나는 공법자
부끄러운 공법자가 주범에게 묻습니다
그날 당신은 단상에 올라 왜 이름 모를 풀들에게
흙과 물과 햇볕을 주겠다고 속삭였나요
우리들에게 꽃밭 같은 시절을 주겠다고……
기억나지 않습니까? 정말 모르십니까?
이제 다 던지고 내려오십시오
더는 험한 대代를 쌓지말고 하루빨리 새롭게
돌아오십시오
당신 아래 천애고아 풀들이 시들고 있습니다
꽃바람 불지 않는 날이라도 좋습니다
그저 깨끗한 마음 하나면 됩니다
기다리겠습니다
사랑합니다

추신 : 이 호소문의 수취인이 누구인지 몇몇인지 나는 모릅니다 다만 양심이 흔들리는 자는 알 것입니다
그렇지 않는 분들에게는 고개 숙여 죄송합니다

목련꽃 떨어지다

긴 겨울 기도가 끝나고
천상에서 언니 나이만한 오십여 송이 왕꽃이 피어
대지의 빈곤을 깨운다

이제는 어디에도 만 송이 꽃들이 피어야 할 때
여기저기 연달아 피어나는
달무리색 노을색 촛불색 무지개색
우아한 빛 차분한 빛 대담한 빛 경쾌한 빛
부끄러운 빛
줄줄이 따라올 늦둥이 친구들 가을꽃 겨울꽃
뭇 색깔의 꽃 탄생을 위하여
목련은 일찌감치 꽃 자리 내어주고
언니의 희생 같은 오십견 팔을 내린다
흙바닥에 철퍼닥 누운 목련의 마지막 미소
최선을 다한 최후의 모습
상한 색깔만큼 우아하고 향기롭다

그늘 소리 듣다

세월에 그늘이 있을 것이다
그렇지 않고서야 이 더운 삶터에서
내 존재함이 이렇게 시원할 리가 없다

허공에도 그늘 같은 몸이 있다고
비 내리면 추절추절 생명 젖는 소리 들린다

바람에도 다정한 그늘이 있을 것이다
나는 바람의 몸을 만져 본 적이 없지만
바람은 투명한 그늘을 몰고 와 내 온몸의 깃털을 세워
무딘 감각을 춤추게 한다

내 과거로 사라진 모든 것들은 그늘이 되어
발자국이 없고 호흡이 없고 옷이 없다
그럼에도 내가 이어 살아갈 수 있는 것은
어제 진 별이 그늘 같은 밤하늘에 다시 태어나듯이
내 과거는 무심히 가는 듯하여도 그늘을 깔아
나를 낳았고 나를 키웠으며 나를 살게 한다

비밀 자서전

그의 뒷방 서재에는 수백 권의 비밀 서책이 있다
어떤 책은 아직도 불타고 어떤 책은 지금도
비에 젖고 있다
오랜 날 군내가 쌓여도 곰팡이가 슬지 않는
이상한 서재

그는 눈치 둔한 관중에게 달변을 던져
순수를 꾀어 술을 마시게 하고
나대지를 세공하여 빌딩을 짓고
두더지처럼 땅굴에 숨어들어 주소를 납치하여
자식에게 강남 학습을 먹이며
날렵한 솜씨로 짝퉁 서류를 만들어 토닥토닥이다
운이 과속한 어느 날 응급차 사이렌 소리
그가 피투성이다

그는 피 묻은 빌딩과 주소와 서류를 뒷주머니에 넣고
거짓이 법을 심판하는 그곳에서
한 권의 미묘한 자서전을 쓴다
운 좋은 운 나쁜 거기에는 그가
                있다
                없다
                있다
                없다
                 .
                  .
                  .
                  .

샐러리맨의 노래

문 밖은 허리에 숨찬 호흡을 매달고
백 년의 길 달리기 경주를 하고 있다
식탁 위 간편 메뉴 두어 개는
급류에 휩쓸리 듯 목구멍으로 떠내려가고
전철역 바닥을 두드리는 신발들의 가쁜 숨소리에
모든 계단들이 휘청거리는 시간

그리고 오후
어느 눈먼 공간에 잠시 걸터앉아 커피를 마신다
반복은 지겨울 것 같아도 매일 반찬에 물드는 양념처럼
그렇게 스며들어야 맛이 나는 삶의 행간들도 있는 법
반쯤 눈을 감고 헉헉대다가 웃는다
웃다가 시드는 눈꺼풀을 일으켜 다시 시간의 등에 오른다

이랴 채찍이 부러지지 않을 만큼만 이랴이랴
꼭 배낭을 메야만 여행인가
그의 품에는 언제나 맑고 순한 강물이 흘러
아내와 아이는 그 품에 흐르는 물결을 건져
나무 새 꽃 바람을 함께 들여 색다른 여행을 한다

해가 무릎 밑으로 사라지는 시간
그는 구부정한 등줄기를 업고
깊고 깊은 발자국 쿡쿡 찍으며
하루치 보석가방 들고
해그늘 손잡고 집으로 간다

다시

다시 되돌아가니 「시다」가 밟힌다
앙상한 두 글자가 납작하게 엎드려 통증을 굽고 있다
그래도 밟고 가야 한다

꿈의 방향놀이 같은 헛걸음일지라도
다시 되돌아가서
어르신 꾸중에 두 손 모아 굽히던 허리와
아주 작은 잘못에도 안절부절 숙이던 고개와
졸업날 잔잔한 이별식에 선후배 부둥켜안고
서로 가슴을 닦아 주던 정겨운 정과
스승님 말씀에 차려 자세로 순응하던 감사의 정신
그 아름다운 예절과 도덕을
다시 데려와야 한다

흰 꽃과 흰 나비

꽃, 너는 보는 즉시 사랑의 불꽃
눈을 감아도 향기를 던지는 너는
먹구름 같은 우울도 우레 같은 분노도
찰나에 미소로 바꿔버리는 마력의 꽃

보았다
어떤 언어도 밟지 않은
암담한 무채색 흰꽃 위에
흰 나비 한 마리 날아와 가는 발을 끌며
둘만이 알 수 있는 은어를 쓰고 있는 것을
꽃이 나비인지 나비가 꽃인지
분간조차 설레는 단색의 조화

예쁜 것은 빨강 노랑 보라색 꽃만은 아니라며
불면 날아갈 하얀색을 움켜쥐고
한 잎 두 잎 생기를 모아 이룩한 꽃잎에 앉아
순결한 사랑 한 줌 품고 가는
수줍은 흰 나비를

성형 수술

어머니 떠나시고

아버지 떠나시고

할아버지 할머니도 떠나 버린

낯선 객지

기다림

어렴풋이 무엇 들리는 듯하여

후드득 창가에 서니

어둠은 불빛 길게 끌고 어디로 가고

골목엔 밤비만 서늘히 내려

초겨울 창 밖 하염없이 바라보다

밤새도록 추운 빗소리 듣는다

2부

구두 수선가게

늘 배불리 먹은 것도 아닌데 슬그머니 배 터진 구두
어찌할까 버릴까 말까 아직 헤어지긴 섭섭하다

꼴이 부끄럽다며 얼굴 파묻는 구두를
검은 봉지에 나직하게 앉혀 수선가게로 간다
아저씨 무릎 위에 옮겨 앉은 십년 지기 내 길동무
터진 배 위에 굵다란 바늘이 오락가락하며 배를 모은다
쇠망치로 몇 대 탁탁 얻어맞더니
쭈글쭈글하던 수술 자국이 맑끔하게 펴졌다
외과 의사 아저씨가 미소 묻은 구두를 내려놓자
발이 잽싸게 달려가 싱글벙글
주둥이와 엉덩이를 집어넣는다
앞으로 오 년은 더 너끈히
나와 함께 길동무하겠다

그리움의 끝

얼마나 들었니
불나방 밤새도록 토닥토닥 불을 치는 소리
분명히 보았나
그 많던 불나방 새벽되어 다 어디로 갔는지

언제나 어김없이 나는 길가 가로등처럼
그리움의 정수리에 백 촉짜리 눈동자를 켜고
나날이 멀어져가는 너의 이름 불러본다
어림잡아 세던 손가락 셈이
벌써 여러 해
신발 뒤축엔 고요가 영혼처럼 깊어
이제는 수백 마리 불나방 돌아와 길을 밝혀도
나는 갈 수가 없네
그리움 하나만 켜 들고는
고요의 중심을 허물 수 없어

왜

사랑 이별 죽음은
인스턴트가 아닌 천연 유기농이면 좋겠다
사랑은 설레고 이별은 쓰리며 죽음은 가슴이 무너지는
그 심정에서 벗어나면
왜 실험이고 기만이며 사건인지
그냥 아름다움이고 실연이고 숙명이면 안 될까

어여쁜 사랑아 너는 왜 요즘 이리 치이고 저리 치이나
이별은 뜨거운 눈물이 아니라 왜 불안이며 두려움인가
죽음은 망자의 삶이 아니라 왜 너의 한 줌 오락물인지

그래 알고 있어 이 모든 불행은
사랑의 부재 때문인 것을

단 몇 포기들이 인스턴트에 자라나 주변을 마구 물들이며
여기저기서 진저리나게 돋아나고 있다
환경오염 같은 번짐의 시대

머리카락 후기

그녀는 아침마다 십만 개 줄기 사이에 빗살을 내려
검은 숲을 가꾼다
무질서한 줄기들은 밤새 굽은 척추를 휘청거리며
아래로 우르르 내려서고
빗살은 숲을 헤쳐 허약한 뿌리를 솎아낸다
가느다란 몸이 낭떠러지에서 속절없이 떨어져
아득한 길 아래 바람처럼 눕는다

집 안 곳곳에 뿌리를 말리고 있는 실연기 같은 몰골
반가운 발길이 지날 때마다 힘껏 어깨를 들썩이지만
그녀는 모르는 남남처럼 지나간다

한때 향기롭던 빗살 냄새 쿵쿵거리며
이 구석 저 구석 떠돌다
날아오는 드센 쓰레질에 실려 가는 천덕꾸러기들
그녀와 마냥 휘날리던 지난 즐거움이
쓰레받기 언덕에 기대어
마지막 남은 윤기를 지운다

눈사람

여자는 겨울 공원 언 벤치에 인형처럼 앉아
한창 푸르던 그 여름을 생각하며
적막한 사물로 굳어간다

하얀 코트 자락은 제 무게를 못 이겨
자꾸만 바람의 등에 오르고
신발에 담긴 여자는 그믐달처럼 줄어든다
마른 생각들이 그 여름 그늘에서 허우적일 때
지나던 달빛이 다가와 무릎 아래에 스며든다
그제야 달빛을 베고 잠이 든 여인

아침되어 여인는 흔적 없이 녹아버리고
의자 위에는 그 여름철 그늘이 잠들어 있다

유타 주로 가는 길

끝없는 벌판을 품고 내뻗은 4차선 도로 옆에는
금방이라도 굴러 떨어질 것 같은 바윗돌들이
그물옷도 입지 않은 원시적인 알몸으로
21세기 속도를 의아하게 내려다보고 있다
길 좌측에는 드문드문 서 있는 나무들이
가지와 잎을 다 털어 내고
맨몸 어깨에 전선을 메고
고향으로 타향으로 전력을 실어나른다
창 밖 하늘은 바닷물을 퍼올린 듯 온통 청옥빛이다
하늘바다에는 천연기념물 물고기들이
살고 있을 것 같다
물고기가 꼬리를 나부끼며 물 속을 여행하듯이
나도 한적한 도로로 헤엄쳐 가는데
광활한 들판이 줄줄이 따라오고
도로 근처에는 프레리독 무리가 온몸을 곤추세워
나를 애타게 부르며 뚫어져라 쳐다본다
어디선가 고라니와 사슴도 걸어나올 것 같은 숲 뒤에서
갑자기 귀여운 청설모가 나타나 꼬리를 뿌리며
접촉사고 날라 폴짝폴짝 뛰며 빨리 가라 내쫓는다

며칠 전 볼더 동네에서
내가 휘젓던 팔에 작은 아이가 넘어졌다
아이는 화들짝 일어나 방그레 웃으며
자기를 범한 내 앞에 고개 숙여 미안하다며 볼이 발간
꽃보다 더 예쁜 아이
그 아이 데려와 손잡고 뛰놀고 싶은 곳

달력

가장 먼저 빛이 드는 아늑한 곳에
그동안 수고를 두 손으로 떠나보내고
열두 장의 파란 세월을 건다
촘촘히 들어앉은 빈 칸에 무수한 별들이 반짝인다

꿈의 세계, 1월 1일 첫 만남은
젊어 생동감 있고 발랄하고 영롱하여
행복의 먹잇감들이 재빨리 달려와 턱 고이고 쳐다본다
아직 어떤 색도 방문하지 않은 신천지 앞에
내 첫발도 부리나케 뛰어가 군침을 흘린다
나는 성급한 나를 불러 열두 계명을 전한다

1월은 차분하자
2월은 팔 월이라 생각하며 날짜를 아껴 쓰기로 마음 먹자
3월은 내게도 봄이 있음은 무한한 영광이지만 겸손하자
4월은 보폭을 줄이고 웅크린 주변은 없는지 마음의 등을 켜자
5월은 장미가 피었다고 들뜨지 말고 뭇 유혹을 조심하자
6월은 절반의 지점은 안도하기 쉬우므로 정신을 가다듬자
7월은 땀방울의 의미를 생각해 보자
8월은 지치기 쉬운 달 긍정적으로 생각하고 인내하고 극복하자

9월은 어떤 삶에도 봄과 가을이 있기 마련
시드는 것에 슬퍼 말자
10월은 초목에 낙엽 진다고 인생무상이라 말라
낙엽이 노한다
11월은 전야의 달이라며 어리석게 축배를 들지 마라
아직도 삶등성이 몇 개를 더 넘어야 할지 아무도 모른다
12월의 마지막 밤
  이미 지난 것은 바람 같은 것
  가고 없는 바람을 어찌 만나려 하나
  어느덧 그림자 되어 더는 나를 들이지 않을 테니
  괜히 그림자 밟고 헤집지 마라
  여기 마루턱에 앉아 만지던 술잔
  마시던 잔은 달에게 주고 새 잔은 별에게 주며
  안녕, 안녕하자

우리

대동강 한강은 듣고 있나
물가에 우는 돌들의 울음소리
세월에 검게 그을린 기다림이
저 강을 건너지 못하여 강변에 돌이 되었나
안개옷을 입고 안개를 던진 손이여
소망은 있는데 깨끗한 악수가 없구나

한강아 파란색 꿈이 힘겨우면 흰색 한 방울 내려
연하늘색 치마 지어 입고 저 강을 건너라
대동강아 빨간색 숨이 차면 너도 하얀색 한 점 내려
연분홍 저고리 지어입고 저 물을 건너라
단 옷고름은 매지 말고 가야 해

별은 함께 반짝여야 하늘을 수놓을 수 있듯이
한복은 두 자락 옷고름이 한몸으로 안아야
비로소 우리 민족의 아름다운 옷이 된다
이제 풀어진 두 자락 옷고름 단단히 매어
上下로 함께 흘러
야수의 이빨 같은 가로선을 지우고
한 벌의 아름다운 한복을 입자

파도치는 날

저 멀리 천 근의 무게로 주저앉아
하염없이 수평선을 바라보는 갯바위와
물마루 언덕에 앉아 침침한 눈동자를 닦으며
바람부는 날만 기다리는
수평선에 그녀가 있다

오늘 새벽 해돋이에 얼룩지는 소리가 들렸다
곧 바람이 올거라는 소식에 그녀의 속눈썹이 물결치고
이어 힘찬 바람이 달려와 그녀를 안고
굽이굽이 산을 넘듯 몇 굽이를 넘어
한산한 갯바위에 그녀를 내려놓는다
온 바다가 휘몰아치도록 껴안는 소리
하얀 기립박수가 날아오른다

해가 져도 해를 품고 있는
동해바다의 두 줄 이야기

익명의 사랑

상상 임신의 꽃

망상의 온도로 피워낸
꽃씨도 꽃가루도 없는 꽃

나긋나긋하여 말 잘 듣는
맘껏 범죄하여도 죄 없는 꽃

즐거움만 초대하는
사실보다 더 적나라한 꽃

침묵을 찍어 가슴속에 쓴 일기장

외침

어느 모서리에 부딪쳐 불구가 된 낱말들
밤새 뜬눈으로 불구의 상처를 함축하여 만든
두 글자 피켓을 들고
내 영혼의 대리인은 지금 을지로4가를 지나고 있다

거리엔 눈발 같은 인적이 쌓이고
사람들은 막다른 골목처럼 암울한 소망을 둘러업고
거대한 통유리 속 같은 광장으로 들어선다
마른 통유리 속 안에는 푸른 바다는 있지도 않는데
어떤 기름진 먹이를 찾겠다고
달빛 뚝뚝 떨어지는 소리도 듣지 못한 채
빈 지느러미만 흔들어대고 있나

돌아가자
너도 내 영혼도 돌아가자
물로 가는 길은 물길을 따라가면 될 것이고
나의 두 글자는 오자 없는 어휘를 따라가면 될 것이니
이제 돌아가서 젖은 구정물을 털어내고
다시 새벽을 기도하자

봉선화 꽃물

봉선화 꽃 피면
뒤쪽 두 개 손가락 가만히 불러
옆 손가락 곁에서 꽃물을 들인다
언제나 끝자리로 비켜나
덤같이 살아가는 무의미한 존재에 색을 들이니
나머지 손가락마저 덩달아 빛을 머금는
함께라는 아름다움

나는 여러모로 볼품 없는 빈털터리인데
네가 고운 손 내밀어 내게 한 점 불꽃을 놓을 때
내 어깨에 타오르는 힘의 정령을 보아라
때로는 젖 달라는 아이처럼 네 품에 보챌 때
너는 세상 귀퉁이 조금 뜯어내어
내 가슴 빈 부분에 꽃물을 들여주었지
고마운 사람아

종이배

누가 망망대해에
은빛 시간 곱게 접어 떠나보내나
고행의 머나먼 길 노도 없이
구름 한 점 길을 삼아
그리움의 주인 찾아 간신히 길 떠나는
하얀 그리움 마름질해 접은
편지 한 장

환경오염

일회용 쇼윈도에 갇힌 식물 마네킹들
마지막 때깔에 사로잡혀 있는 야채와 과일
함께 있는 폐기물까지 사왔다
장바구니에서 이마를 박고 쏟아지는
스티로폼 플라스틱 비닐들이 난립한 식탁 위
포장을 뜯는 순간 악마들의 잔치가 벌어지는 듯한
이 캄캄한 기분은 무엇인가

우리들은 언제부터 이런
흠집 하나 없는 완벽한 외모를 원했던가
사과와 배는 요란한 삼원색 방석을 깔고 앉아
얼마나 어지러웠을까
새빨간 거짓말처럼 애호박들은 일란성 쌍둥이
백만 개다
토박이 아저씨 밭에도 귀농 청년 밭에도
어르신 농지에서도
살려니 어쩔 수 없다며 내쉰 한숨이 함께 갇혀 있는
빈틈없이 옥죈 입구를 찾아 비닐을 뜯는다
애호박이 허겁지겁 정신없이 뛰쳐나온다
몸은 유리알처럼 맑고 매끈한데 숨구멍이 없다
기형이다

눈 내리는 커피 잔

자판기에서 커피를 뽑고, 눈이 내린다
블랙커피에 하얀 발 담그고 마음 씻는 눈송이와
까마득한 잔 속으로 잠시 밀월여행을 떠난다

그윽한 이 시간
몇 걸음 가다가 서산의 해처럼 넘어져도
빨간 핏방울이 무릎 살갗을 베어물고 고함고함질러도
아프지 않겠다
누가 내 가슴에 들어와 마구 빗금을 그어대도
오늘은 그저 웃겠다

하루에 누릴 수 있는 행복의 하얀 씨앗들이
커피 잔 속에 수십 개 음표를 그려놓고
내 손을 끌어간다
흰 눈발 속으로 걸어가는 선율 선율

함박눈 내리는 날

한 해를 놓쳐버리면
돌이킬 수 없는 재앙이 된다며
하늘은 해마다 흰 눈을 지상에 내려
혼란한 잡색을 쓸어낸다
통일의 의미인지 용서의 의미인지 아무 생각 없이
가슴속에는 해맑은 동심이 눈발에 파묻혀 웃음 터지고
세상이 하얗게 메아리친다

함박눈 내리면
악마의 눈썹에도 어여쁜 미소가 거닐고
그 누구도 추악한 행위를 구상하지 않는다
눈 오는 날은
화합이고 사랑이며 축복이다

사랑아

세월아 냉혹한 세월아
발병 난 그 사람 좀 내려놓고 가거라
걷지 못해 붕대 감고 끌려가는 그 사람
이제 좀 놓아주라

그녀한테 눈 떼지 못하는 그 눈에 먼지 쌓이면
그녀를 더 볼 수도 없을 텐데

하루 종일 배고파 입다문 걸 잊어버렸나 저 사람
마주 앉을 그날이 오면 따끈한 밥 한 그릇 해 주려
쌀 씻어놓고 그녀는 일 년을 기다리고 있는데
어찌해 물 젖은 쌀은 썩지도 않네

사랑한다는 그 한 마디
그 사람 말고 줄 사람 어디 있다고
가슴속에 보물처럼 꽁꽁 묶어 감춰두다가
그녀는 그 많은 시간 등신처럼 허비하고
이제 와 아무짝에도 쓸모없는 돌이 되게 하였나

세월아 저 사람 주위에 서성이는
저 많은 눈물은 다 어찌할 건가
사랑아 사랑아 발병 난 사랑아

3부

과식

모든 처소에 불 꺼졌는데
문전에 와서 허리띠 푸는 먹성 왕성한 주인님
또 오셨는가
오늘은 어떤 육질을 메고 왔기에
처소마다 문틈 떨리는 소리 으스스하다

그는 밥그릇 정상을 즐기는 미련한 등반자
오를 땐 맨발로 깃털처럼 날아오르고
내려올 땐 아이젠을 신고 맨벽을 찍으며
땀방울 위를 아슬아슬하게 내려온다
모든 방들이 들썩거린다

즐거움에 독이 있다는 것을 알면서도 모르는 그에게
오장육부가 독을 쏘아올린다
전투의 밤이다

세월에게

부지런히 너를 따라가는 발등에
내 젊은 날 아껴 저축해 뒀던
고독과 가난 그리움들이 한꺼번에 몰려와
구멍이 숭숭한 뼈를 돌려세운다

나에게는 유효 기간이 한참 지난
흐릿한 예금 통장 하나 있다
이미 소멸된 지난 시간을 찾는다는 것은
어처구니없는 약정 위배라 하겠지만
한번만 내게 무담보로 시간을 대출해 준다면
나는 참다운 사고와 용서와 사랑으로
더욱 낮아지는 나를
매달 꼬박꼬박 자동이체하겠다

살아가는 언덕길 어느 그늘진 모퉁이에서
어쩌면 신권처럼 나타날 고객에게
지난날 저축한 시간을 세월님께서 돌려주신다면
들꽃처럼 맑은 삶 한 채 멋지게 지어보겠습니다

감감무소식

봄부터 겨울까지 세월을 따라오지 못하던 너는
한 해를 머리 위로 보내고 걸음이 아프다 한다
다시 세월은 우리와 발맞춰 가고

너는 저만치 주저앉아
칠십여 년 삶을 불러 보듬고 쓰다듬더니
지금은 가을밤 커다란 달처럼
어느 목적지를 향하여 흘러가고 있는지
소나무숲 양지바른 들에도 흔들리는 것은 바람뿐

너를 위해 마련한 우리들 기도에는 이름만 남은 채
구름꽃 한 송이 고개 숙인 지 수개월
이젠 소망의 음률도 불안해지고
자꾸만 시야가 가라앉는 늦가을 아래
잠잠한 물결이 되어 버린
너는 어디에

몸

세상에서 가장 작으면서 가장 큰 회사가 있다
두 분께서 지어주신 세상에서 가장 신비로운 이 회사는
내가 경영하는 나의 육신이다

외벽을 지닌 나는 평생 밀실의 내부를 관리하는 책임자
벽면에 전시된 손발이 여기저기 뛰어다니며 영업을 하여
조달한 물품을 눈 코 입 귀 여린 입구로 들여보낸다
공급과 생산이 쉴새없이 움직인다
나의 육신은 외로울 겨를이 없다

소소한 고장은 운영에 있어서
밤하늘 별빛처럼 수없이 사라졌다 나타났다 한다는
예사로운 착각의 무게에 짓눌려 육신이 몸부림칠 때
구름은 하늘을 덮고 눈물이 그렁그렁 맺혀 있었다

곰곰이 생각하면 나는
내 육신에 출퇴근을 소홀히 하였고 근무에 태만했으며
주야로 애쓰는 몸속 노동자들에게 무관심하여
그들을 지치게 하여 몇몇은 벌써 회사를 떠나버렸다

지금은 예쁜 흉터들이 잠든 육신을 매일 산책하며
미안하다 고맙다
춥지 마라 이불을 덮어 준다

높은 데서 보다

밤길 끄트머리에 희미한 외등이 저물고 있다
오일장터 같은 일과를 외등 아래 내려놓고
곤한 삭신을 방 날바닥에 누인다
눈앞에 자막처럼 바쁘게 지나가는 하루 보고서가
잠시 누운 휴식을 어지럽게 한다

꽃 피고 새 우는 낭만의 날도 없진 않지만
요즘은 어릴 적 고향 삼거리에서
하늘 한 번 보고 구름 한 번 자르고
박자를 가르며 신바람나게 엿판을 두드리던
엿장수의 청순한 가위질 소리가 새삼 그리워진다

땅 냄새보다 하늘 냄새가 궁금한 곳에 올라
아래를 내려다 본다
땅 위에 움직이는 모든 생물들은
은은한 표면만 있고 내용이 없다
평온은 움직이는데 다툼은 전멸이다
멀리서 본다는 것은 이렇게도 너그러운 것인가
과욕으로 체한 분비물을 다 게워내며
엿장수의 가위질 소리만큼 맑을까
하늘로 날아가는 맑은 소리 한 울림 떠 와서

세파 위에 수련처럼 올려놓고
잠시 옛 시절을 소환한다

돌팔매

그가 돌을 던진다
바람도 없는 날, 나무는
잎이 부서지고 가지가 부서지고
지나가던 나비 한 마리 길마저 부서진다

영문도 모르고 날아간 돌은 돌풍에 부딪쳐 등을 돌린다

분노의 힘으로 날아간 돌은
분노의 세기로 돌아와
그에게 와락 안긴다
그가 부서진다

담배 연기

반쯤 열린 입에서 검은 뱀이 기어나온다
뱀은 긴 혓바닥을 내밀어 어리석은 목구멍을 핥으며
속삭인다
나는 너의 숨이 오가는 오솔길에 내 새끼를 낳을거야
보드라운 네 호흡기에 내 새끼가 돋아나면
만사에 겁없는 너는 덩이진 검붉은 내 종자를 보고
그때서야 기겁을 하며 울부짖겠지

뱀은 도로 목구멍 속으로 기어들어가
어둠은 어둠에서만 황홀해질 수 있다며
목 입구에 서성이는 어둠을 마저 꿀꺽 삼켜버린다
잠시 후 회색 연기 한 줌 바깥을 기웃거리더니
검은 연기 잇따라 바깥으로 엎어지고
닥치는 대로 기른 새끼들 득실거리며
온 벽을 핥는다

네가 즐겨 허락한 뱀의 유희를
너는 어떻게 설명할 것인가

비상계단

뒷발은 알고 있었을까
0.5센티를 넘어서면 그곳 낭떠러지라는 것을
자칫 험한 길 헛디딜까
뒷발은 앞발의 그림자를 꼭 잡고
한 발 한 발 오르며 땀의 무게를 덜어낸다
땀방울을 딛고 올라간 발자국 계단

어느 시급한 불길이 고성을 지르던 날
사람들이 문을 박차고 뛰어나간다
누운 계단이 벌떡 일어나고
그들은 층계를 쏜살같이 미끄러져 내려간다

엉겁결에 뒷발은 앞발을 놓치고
어리둥절한 내 발 아래는 발자국만 희미할 뿐
아득한 높이에서 사방을 휘둘러봐도
지푸라기 하나 보이지 않는다
처지라는 것은
앞발과 뒷발처럼 바뀔 수 있는 것이라며
길은 낭떠러지의 한 치 앞을 알고
처음부터 계단을 메고 꼭대기까지 따라온 것이다

떡갈나무 아래에서

속세가 손대지 않은 청정지역을 지나
내 어깨를 툭 치며 떨어지는 갈색 동그라미

가을은 야무진 열매를 수확하여
한 그루 나무를 키워낸 흙 위에 분만하듯 내려놓는다
나는 어둠에 잠긴 빛을 만나러
차가운 빗방울이 밟기 전에 껍질을 벗긴다
지독한 어둠이다
떨리는 손으로 어둠을 한 꺼풀 더 벗긴다
마침표가 해처럼 들앉아 있다
눈부시다

나는 해 질 무렵 다람쥐가 오는 길목에
한 덩이 해를 놓고
서둘러 나무 밑을 떠난다

물수제비뜨기

얼마만큼 젖어야 너에게 갈 수 있을까
잠든 너를 깨울 수 있을까
너의 발걸음 어리듯 물그림자 흔들리는 곳에
손을 던진다
실패다

초저녁 서너 개의 별들이 거닐고 있는 물결 위
아직도 오지 않는 별을 기다리는 빈 곳을 향해
가슴을 던진다
또 실패다

그리고 우연이었을까
농담처럼 뛰어간 돌 하나 너에게 다달아
피리새 새소리 같은 재회의 파문을 그린다

실망보다 기대가 기까운 지점은 때로는 위험한 곳
너덧 발 물러나
저녁놀 지는 강 저편 물그림자를 접는다

어쩌다

누가 내 이름 부르면
가진 것 하나 없는 허전한 바람뿐이라
간신히 몸 하나 데리고 조용한 산으로 갔다 하여요
가서 낮과 밤 사이에 우두커니 서서 구름 먹고 살더니
그 후 아무리 찾아봐도
안개인지 안개비인지 눈에 들지 않고
간간이 고운 새소리만 철없이 들리더라 하여요

단 하루라도 나를 지울 수 있다면
나는 돌 틈 사이에 점만한 그림자 되어
눈 덮인 산곡에 산새의 발자국처럼 잊히고 싶다

어쩌다 부서진 봄날이 너무 춥다
멍한 그날의 자화상

회상 일지

아기는 어느새 초등학생 꼬마어른이 되어
어린이동산에서 축구공처럼 뛰놀며
키가 담장의 황금측백나무보다 더 커졌다
바지를 입은 꼬마어른은
은근히 바지자락이 휘날린다며 어깨를 으쓱한다

중학생이 된 아이는 우정의 둥지에서
벗들과 속마음을 나란히 꺼내놓고
틈만 나면 따끈따끈한 우정의 알을 품느라
삼 년이 휙 지나간다

밤 늦도록 책상 위에 불빛이 쌓이는 고교생 방
책장 넘어가는 실바람 소리가 부엌으로 흘러가
엄마 쟁반에 담기는 조마조마한 포크 소리를 낚아채 간다
사방은 온통 무장지대다

대낮의 태양 같은
청바지에 티셔츠가 잘 어울리는 청년은
세상에서 못 이룰 일이 없다며 주먹을 불끈 쥐고
하늘에 맹세를 던진다

사회생활 초입은 그에게 통큰 길을 내주어
중청년은 훈련병처럼 가슴 벅찬 큰길로 향한다
보폭마다 울려퍼지는 활력
광야는 넓고 푸르러 아낌없이 그를 부르고
길은 종일 자리를 떠나지 않고 그를 기다리며
맘껏 앞으로 행진하라 한다

그러나 세상은 세상 만만하게 보지 말라며
간혹 크고 작은 웅덩이들 발 앞에 입 벌리고 있으니
먼산바라기 하다간 큰일 난다며
정신 차리고 길을 잘 가라 귀뜸해준다

마주 앉은 두 사람

그는 정신에 붙은 혼란한 가시를 떼내고
숫자와 형상이 생존하지 않은 어둠을 데려와
모든 편견을 바코드처럼 누이고 잠을 재운다

다음 날
그는 외출복을 입기 전 뜨거운 찻잔이 식어가는 동안
모든 생각을 끝내야 한다
새들이 발톱으로 여백을 긁지 않고도
남북의 경계선을 허물 수 있는
그 높이와 자세 날갯짓의 유연함과
끝끝내 앞만 바라보는 그 완강한 믿음에 대하여

사방으로 뻗은 길의 중앙은 늘 난감하다
모든 길은 유혹적이고 모든 길은 두려움이다
그 중에 홀로 늙은 길 하나
두 사람에게 흙먼지 털고 오라는 날
그들은 그림자 없는 정오의 원탁에 마주 앉아
세 번째 판도라 상자를 연다

눈썹에는 아직도 몇 개의 흙먼지가
절벽을 붙들고 있다

주저말고 뛰어내려요
간격과 거래를 하는 것은 위험합니다
어서 뛰어내려 원탁이 이루어 낸
선의 부드러움을 만져보아요
원의 평화를

동백 한 그루

사람들은 동백을 보러
청모자 위에 새털구름 얹고 선운사로 가고
나는 꽃천지화원에서 동백 한 포기 손잡고 와
아파트 베란다에 수납한다
새벽이면 선운사 기운이 아파트 벽을 타오르고
제법 그럴싸한 동백 정원에서
여린 가지가 여러 번 고개 끄떡이더니
빨간 가슴 몇 송이 완성하여 밤낮으로 나를 물들인다

오랜 날 허전한 생을 콘크리트 위에 알뜰히 바치다가
동백이 내게 묻는다
이젠 가도 되겠니
한 숨 한 숨 떨어지는 동백의 한숨
손에 받아
힘줄이 싱싱한 동백 무리가 기다리는
선운사로 간다

못된 인연

관심과 애정이 찾아온 땅에
잡초를 버리고 나무를 심었다
휘파람새 산비둘기 건너편 뻐꾹새 소리들 모여
도란도란 속삭이던 땅은 사계절 내내 따뜻했다
나무는 날마다 내리는 햇볕이 따뜻한 것을
의심한 적이 없었다

어느 봄날
꽃마중 준비를 하고 있는 나무에 흙비가 쏟아지고
벼락바람이 불어와 그 많은 웃음을 다 따버리며
새들에게 알 수 없는 시늉으로
마술 같은 뒷걸음질을 치게 하여 새들을 데려갔다
그 후 새들은 오지 않고 나무는 새들을 기다리지 않았다

한때 소중했던 인연은
목 안에 달라붙은 니코틴처럼 가슴에 달라붙어
마주한 만큼 부대끼는 폐부를 긁는 속기침 되어
좀처럼 낫지 않는다

관계가 돌변하는 데 십 분도 걸리지 않은
죽을 만큼 아찔한 경험을
이제 땅에 묻으려 한다

꿈꾸는 나무인형

다음 생에는 나무가 되리라

어느 것 하나
서로 밀쳐 떨어진 것이 없는 잎들처럼
즐거이 자리를 내주어
착한 간격의 질서를 얻으리라

사방에서 선물 같은 여백이 오라며 팔 벌려도
단번에 손 내젓는 영혼 맑은 나뭇가지들
알맞은 길이에서 탐욕을 물리친 그 단단한 자리에
성스러운 잎과 꽃과 열매를 성취하리라

악의 색으로 뒤덮인 지하에 순한 발을 내보내도
무섭지 않는 뿌리처럼
맘 놓고 어둠을 뒤적여 한 줄기 빛을 캐내어
믿음과 사랑을 평생 땅 위에 바치리

나무여
오천만 분의 일, 내 금빛 귀한 땅을 밟고
저들은 왜 허구한 날 아귀다툼으로
해가 뜨고 해가 지는가

나무되어 이 땅에 다시 돌아온다면
나의 나라에는
진보도 보수도 영남 호남 감옥
그런 병든 광경은 키우지 않겠다

당신

장막 속에서 당신 웃고 있네요
호탕한 웃음소리 큰 목소리 시원시원한 몸짓
다들 긴 여행 보내 놓고 텅 빈 시공에 홀로 남아
초점 한 점 겨우 붙들고 있네요
그래도 내 눈엔 사사건건 다 보이는 당신
늘 웃고 있어요

내 귓속을 시선을 마음을 세세히 간질어 놓고
와~하하~ 창 밖으로 달아나는 큰 목소리
맵차게 귓전을 때려 깜짝놀라 허둥지둥 주변을 헤매니
당신 목소리 닮은 까마귀 한 마리 까악까~악~
길 위에 우거진 늦여름 녹음 한 자락 걸어
불길한 예감 모두 끌어모아 싸들고
까맣게 멀어지네요

희미한 낮달처럼 엉뚱한 곳에 가서
물끄러미 바라만 보며 한데에 홀로 있는 당신
어디로 갈까 봐 달아날까 봐
침대 난간에 여윈 손목 안고 와 단단히 이어놓고 옵니다

4부

신발

아무 욕심도 없다 한다
단 한 분 그분만 오시면 된다고
곤궁한 현관에서 그분을 기다리는 불꺼진 집 한 채

그분의 발이 아니면 열리지 않는 그 집에서
그는 강산을 거닐며 웃음을 얻고 눈물을 버린다
모든 하루는 그 집에서 길이 나고 그 집에서
길이 멎는다

당신만을 섬기는 꽃신이라 생각하여
아무 곳이나 데리고 다니지 말고
조심조심
잘 신고 다니시게

당신 앞에 나는

당신 앞에 나는 한낱 풀잎에 불과합니다
시작점에서도 완결점에서도
나는 당신을 찾습니다

간혹 키 크고 단단한 나무가 되고 싶어
지나가는 바람에 파고들어 온몸을 길게 늘이고
공기로 빈틈없이 감아봐도 나는
한 발짝도 못 가서 이내 떨어집니다
나의 몸은 답답합니다
어쩌다 식물 채집꾼이 나타나면
걸음이 없는 나는 강렬한 힘을 추구하여
안간힘으로 엷은 몸에 검은 물감을 입히지만
금새 색은 흩어지고 맙니다

당신께서는
너는 너의 범위 안에서 더욱 깊게 익어 가라며
내 삶의 고비마다 오셔서 굽은 등을 두들겨 줍니다
어느 곳 어디에서 싹이 트고 어디에서 시들어도
나는 당신 안에 푸른 숨을 쉬는 싱그러운 들풀입니다
눈부시게 빛나는 당신 앞에서는

층간 소음

이봐 지금 밤 두 시야
아랫집에 어여쁜 아기가 잠자고 있잖아
그 아빠는 지금 잠이 깨면 밤을 꼬박 새울지도 몰라

불빛도 빛을 거두고 잠든 오밤중
목구멍에 매달린 기침이 바닥에 쿵쿵 떨어진다
눈치 없이 설치는 고음을 이불로 틀어막다가
자벌레처럼 음량의 무게를 재며
한 발 한 발 고양이 발걸음 내디디며 부엌으로 간다
촉촉한 물 한 모금으로 투덜대는 목을 달래고
한 잔은 머리맡에 처방전으로 놓고
위급한 순간마다 응급처치를 한다

아래윗층 옆집은 고요와 사랑에 빠진 듯 얌전한데
16층은 파편 같은 불청객이 목구멍 밖으로 뛰쳐나와
남의 금쪽같은 휴식을 깨뜨리고 있다
기침은 이대로 나 몰라라 아침을 맞을 모양이다
갈비뼈가 아프다고 울먹인다

손바닥

주름이 소란한 손등 아래
과거에서 건너온 시간들이 잔뜩 모여
저들끼리 헐하고 귀한 인연을 엮어
한 평의 텃밭처럼 정겹다
그동안 애쓰며 가꾸어 온 텃밭에는
내가 화초처럼 기르던 나이가 두근거리고 있다

굵은 손금 사이사이에 자라난 작은 금들
하나만 꺼내어도 기초가 무너질 것 같은
이 엄숙한 시간의 행진

내가 수많은 꿈의 설계도를 접었다 폈다 하는 동안
손 안에 가득 지어진 평면 건축물들
자세히 들여다보니 아직 빈 곳이 몇 군데 있다
앞으로 두어 채는 더 지을 수 있겠다
행운이다

잔영

당신은 적막을 짊어지고 갔지만
아주 간 것이 아니었습니다
나는 캄캄한 실종의 거리에 서서
당신의 빈 어깨와 한 올 머리카락을 만지며
즐겁거나 아픈 기억들이 깃든 당신의 나라에
수시로 다녀옵니다
그때 당신은 달무리 앞에서 햇무리 뒤에서
수없는 겹동그라미를 던져내리며 수화手話를 보냅니다
나는 매일 밤 수화를 머리맡에 쌓고 잠이 듭니다

우리는 아주 보낸 줄 알았지만
사실은 보내지 않았습니다
해와 달이 끝끝내 마지막 점을 찍지 못하듯
우리의 영혼 어딘가에 그리움은 소수점처럼 남아
끝없는 미련을 이어갑니다

눈물

눈 속에 내가 가꾸는 인생을 들여다보다가
생의 일부분이 발갛게 젖고 있는 것을 보았다
유리수레에 슬픔을 싣고 눈 밖으로 걸어 나오는
목화송이 같은 눈물송이들

너는 기쁨의 극치가 슬픔을 업신여길까
기쁨과 슬픔을 측량하여
기쁨이 독선의 궁궐을 짓지 못하도록
동굴 속에서 마르지 않고 줄곧 남은 것이다

온 사방 구름 가득한 날
두 뺨으로 걸어 나오는 눈물이 너무 굵다
훗날 이처럼 굵은 또 하나의
기쁨을 위하여

여기

초침은 시침으로부터 버려진 것일까
목적 없는 바람처럼 그들의 청춘은 질문도 답도 없다

후미진 사각지대에 우두커니 서 있는 젊음
누군가 힘차게 손을 내밀면 힘차게 손을 잡을 거리
그 간격에서 홀로 헤매는 꿉꿉한 몸뚱이를 툭 치며
오픈카 서너 대가 어둠의 지대에 굉음을 던지고 사라진다

더운 피 흐르는 심장의 길은 어디 있을까
군말 없이 달려가 뜨거운 핏줄을 잇고 싶어
그들은 팔뚝에 솟은 혈기를 서로 쓸어준다

멀고 높은 저들은
얼마나 탄탄한 노동의 대로大路를 제도 하느라
가슴에 고인 시간을 꾸역꾸역 밥처럼 떠 먹는
이 심각한 우울을
여기를
아직도 진료하지 않는가
저 너머 맑은 날 빛이 쓰러지기 전에
이 시대에 대한 건강검진
청년 실업에 오진이 없기를

파꽃이 필 때

날마다 내게 오색 밥상을 차려 주는
한결같은 행적이 있어
나도 들에 그의 밥상을 차리기 위해
파란 줄기를 건드린다
담이 와르르 무너진다
허물어진 담을 부둥켜안고 벌레들이 왁자지껄한다
너는 이 집에서 이 친구들과 함께 살고 있었다

나를 자연인 줄 아는 너는 나를
흙에 함께 서식하는 벗이라 생각하여
매일 싱싱한 푸성귀를 싸들고 왔던 것이다

내년에 파꽃이 만삭의 몸이 되기 전에
잊지 않고 너를 위해
고랑마다 따듯한 옷 한 벌
곱게 지어 놓겠다

장가계에서

무슨 신의 작품이 이렇게도 비현실에 가까운가
여행 중인 그의 동공이 쉴새없이 떨리고 있다
솟구치는 거암의 집성촌에는
하늘을 보고 질주하는 우렁찬 바위들이
마치 하늘과 맞장이라도 뜰 것 같은 기세로
무쇠들의 방패가 천지를 메우고 있다

주인 없는 공간인 줄 알고 맘껏 지배하려다 실패한
탐욕의 최후가 신의 판결로 마무리된 심판대인지
아니면 태초 이전에 탄생했을지도 모를
무구한 역사의 상징인지
도저히 알 수 없는 어리둥절한 신비를 갸우뚱거리며
거암들의 우렁찬 함성을 뒤로 하고
돌산 아래 그가 개미처럼 걸어나온다

깎아지른 거암의 품에 안겨 내려온 촉촉한 눈에
벌 한 마리 뛰어들어
가을꽃이 만개한 눈망울에 침을 꽂으며
관람료에 팁까지 받아간다
곱절을 치뤄도 아깝지 않은
신의 산

무죄론

그의 길이 덫에 걸렸다
언어를 놓쳐 버린 입에 산소호흡기를 꽂고
쓰러진 손을 부축하여 병실을 지옥이라 속필하며
길 잃은 발바닥을 덧없이 바라보다
미치도록 그리운 집이라 고쳐 쓴다
매일 쓰고 지우고 또 쓰고 지우더니
다섯 손가락 그만 종잇장 위에 눕는다

그동안 살고자 응했던 정의로운 희로애락은
무두 다 아름다운 무죄라며
이 땅에 생을 유쾌하게 반납하고
그는 멀고 어둑한 미지의 나라로
마실 길 가듯이 갔다 한다

꿈은 말한다

너의 도전에서 실망과 포기를 거듭했다면
주저말고 다가와 나를 한번 안아봐
내게 오는 길은 지루하고 밋밋하여 감동이 없지만
그 길을 따라 내려가면
차돌 같은 자음과 모음이 이마를 맞대고
얼마나 섬세한 뜻을 긋고 버리고 부둥켜안는지
자세히 정독해 봐 그게 내 꿈이 이룬 건축물이야
나는 쉽사리 모닥불을 피워 마른나무를 던지지 않아

네가 던진 돌에 네가 맞을 거라는 상상은 말아 줘
돌은 한 점의 주춧돌로 쓰이기까지 수백 번의 고통으로
제 몸을 두드렸기에 그렇게 단단해진 거야
내 건축물이 그 돌로 지어졌다면 믿겠니
이제 가까이 와서 용감하게 나를 한번 안아 봐

꿈은 바쁠수록 높이는 아찔해지고
길은 느릴수록 자꾸만 누워 만사에 쌓이는 먼지
낮으면서 깨끗한 집도 멋지지 않는가
어차피 한평생이란 하루도 한평생 백 년도 한평생
하루도 아깝고 백 년도 아까운 건 매한가지
남은 세월 두근거리지 말고 푸른 꿈을 꾸자

장미의 수난

그의 죄목은
장미의 꽃잎을 함부로 뒤적인 흑심죄
비릿한 눈초리가 욕망을 충혈시켜
꽃잎을 역광으로 휘감는 바람에
그만 꽃대가 베이고 말았다
꽃의 허상을 보쌈하여 돌아서는 그의 등에서
숨막힌 꽃그림자 한 송이 기어나온다

상처난 입자들이 부러진 꽃대 끝에 앉아
검푸른 피를 흘리며 시위를 하고 있다
꽃잎의 진술이 흙바닥에 방울방울 떨어진다

장미는 악의 장난에 취한 스토커 손목에
가시 돋은 손으로 쇠고랑을 던진다

난해시에 대하여 · 1

쉬, 조용히 해줘
지금 지능 검사를 하고 있는 중이야
내 두뇌가 울먹이고 있어
1번부터 10번까지
나는 최첨단의 나라에서 운구된 언어를 해부해야 해
내 고로한 뇌에 새 칩을 넣고
미로 같은 글 속을 하나 하나 들여다보며
말이 안 되는 말을 말이 되게 하는
이상한 시험을 치르고 있어
다시 1번부터 10번까지
· · · · · ·

내 눈은 유리로 만든 모조품인가 봐
글자가 멈추지 않고 자꾸만 동공에서 미끄러져
다행히 가슴은 멀쩡하여 나의 사색은
눈目보다 더 울창해
나는 사색의 수풀이 가라앉기 전에
어느 다급한 시대에 업혀 먼 데로 요양간 그분을
이제 내 서재로 모셔오려 해

난해시에 대하여 · 2

별들이 꽃잎처럼 내리던 밤
내가 먼눈파는 사이
흑색 연필은 오색 연필과 바람이 나 버렸어
그리고 난해한 아이를 낳았지
너는 혹시 먹어 봤니
그 달콤한 설탕은 사실 내 사랑의 시체야

학교는 맨 처음 내 할아버지의 교실이었어
눈만 뜨면 내 책상 위에는 고유 문자가 놓여 있고
나는 매일 즐거이 등교를 하였지
하지만 오랜 애정이 지루한 고유 문자는
어느날 흑색 연필을 팽개치고 오색 연필을 따라
슬금슬금 책상 서랍 속으로 들어가는 거야
휴식이 필요한가 봐
무엇 때문인가 물었더니 늙은 고유 문자의 비만이라나

슬그머니 가슴에 초대된 꿈의 색 오색
그 후 많은 오색 글자들이 너도나도
코르셋을 입고 랩 곡을 연주하며
바깥으로 뛰쳐나와 열창을 했지
분침과 시침이 부딪치는 소리와 함께

열띤 노래는 지금까지 계속되고
내 호흡은 이것저것 특이한 것만 먹어치운 후유증으로
깜찍한 새내기 봄날 뒤에서 늦가을처럼 시들고 있어

문득 할아버지의 고유 문자가 그리운 나는
겨우 남은 한자락 호흡을 들고
잃어버린 흑색 연필을 찾으러 홀연단신
눈 덮인 겨울산을 내려간다

삼십 분 데이트

엉뚱한 곳으로 그를 보내고
여기에서 저기로 가는 길이 마음으로 너무 멀어
견딜 수 없다
그가 있는 곳은 지상에서 가장 고독한 곳
그곳을 사람들은 땅에서 둥 떠 있다고 말하며
우울해한다

나는 우울뿐인 그 사람을 만나러
동쪽에서 서쪽으로 백 미터 길을 내어 그 길만 간다
빠듯한 30분 내로 그에게 할 말은 턱없이 모자라
남은 얘기는 오는 길에 허공과 말을 한다
내일은 마음으로 끓인 따끈한 차 한잔 가져가겠다 하니
허공은 고개를 끄떡이며 허전한 내 시야를 쓰다듬는다
모레는 어떡할까
길 잃은 새처럼 가슴깃을 퍼득이는 나를 보더니
그날은 그의 여린 숨 짓눌리지 않게
나비처럼 살포시 안겨주라 한다

어느 날 어릴 적으로 가 버린 그의 회항의 길 바라보며
오슬오슬 추운 적막의 시간들
그래도 당신 있음에 넘치는 기쁨

노란 달맞이꽃처럼 다음 데이트 날을 기다리며
행복하다

공원에 온 나무들

어린 나무들 절룩거리며 트럭에서 내린다
낮은 공중에서 이슬처럼 흘러내리는 뿌리들
바깥 세상을 보고 함께 온 흙에 숨어 몸둘 바를 모른다
이 지역에 이처럼 쑥스러운 전입자가 온 적 있었던가

환한 색을 처음 본 뿌리는 큰 소나무 뒤에 흙발을 내려
비밀에 싸였던 아랫도리를 떨며 결박의 끈을 풀고
낯선 동네에 짐을 푼다
타지에서 새로이 스며드는 법을 배워야 하는 나무는
가지에 찾아온 박새 직박구리 머리맡에
연초록 잎을 드리우고
솔향기 그윽한 소나무에게 재미나는 동네 이야기를 들으며
살 속에 자라는 나이테와 정을 들인다

그 후 십 년이 훌쩍 넘은 나무는
지금 키 큰 어른이 되어 봄마다 이웃들에게
벚꽃과 이팝꽃을 선물하고 있다

고맙습니다

작고 못생긴 나를
내가 많이 사랑하게 해 주어 고맙습니다

흙길 시멘트길 산길 오솔길 뚝길 골고루 걷게 하여
넘어지고 일어나게 해 주어 고맙습니다

양달과 응달을 발길마다 들리게 하여
기쁨과 슬픔을 알게 해 주어 고맙습니다

작은 실수를 여러 번 무안하게 하여
큰 실수를 두려워하게 해 주어 고맙습니다

미움을 모질게 경험하여 나도 누군가에게
어쩜 그런 미움의 대상이 아닐까
살아온 날 되짚어 보게 해 주어 고맙습니다

그깟 한 줌 고집이 무슨 대수라고 습관을 빌미 삼아
칠십 년 고집을 버리지 못한 것은 참 미안합니다

이 모든 것을 합하여 일생을 만들어 준
그분에게 감사합니다

순수시선 688

출구

유혈수 지음

2024. 12. 25. 초판
2025. 1. 5. 발행

발행처 순수문학사
출판주간 朴永河
등록 제2-1572호

서울 중구 퇴계로48길 11 협성BD 202호
TEL (02) 2277-6637~8
FAX (02) 2279-7995
E-mail ; seonsookr@hanmail.net

저자와의 합의하에 인지를 생략함
잘못된 책은 바꾸어 드립니다

ISBN 979-11-91153-75-0

가격 15,000원